짱 멋진 마루
Sticker Book

짱 멋진 마루
Sticker Book

초판 1쇄 발행 2023년 12월 5일
초판 4쇄 발행 2024년 12월 31일

원작 모쵸

펴낸이 김선식
펴낸곳 다산북스

부사장 김은영
어린이사업부총괄이사 이유남
책임편집 윤보황 **디자인** 디자인레브 **책임마케터** 안호성
어린이콘텐츠사업2팀장 이지양 **어린이콘텐츠사업2팀** 이정아 윤보황 류지민 박민아
마케팅본부장 권장규 **마케팅3팀** 최민용 안호성 박상준 김희연
편집관리팀 조세현 김호주 백설희 **저작권팀** 성민경 이슬 윤제희 **제휴홍보팀** 류승은 이예주
재무관리팀 하미선 임혜정 이슬기 김주영 오지수
인사총무팀 강미숙 이정환 김혜진 황종원
제작관리팀 이소현 김소영 김진경 최완규 이지우 박예찬
물류관리팀 김형기 주정훈 김선진 채원석 한유현 전태연 양문현 이민운

출판등록 2005년 12월 23일 제313-2005-00277호
주소 경기도 파주시 회동길 490 **전화** 02-704-1724 **팩스** 02-703-2219
다산어린이 카페 cafe.naver.com/dasankids **다산어린이 블로그** blog.naver.com/stdasan
용지 스마일몬스터 **스티커** ㈜한울피앤피 **코팅 및 후가공** 평창피앤피 **인쇄 및 제본** 상지사

ISBN 979-11-306-4762-3 13650

+ 책값은 뒤표지에 표시돼 있습니다.
+ 파본은 본사와 구입하신 서점에서 교환해 드립니다.
+ 이 책은 저작권법에 의하여 보호를 받는 저작물이므로 무단 전재와 복제를 금합니다.

NAVER WEBTOON ⓒ2022. 모쵸 ALL RIGHTS RESERVED.
본 제품은 네이버웹툰과의 정식 저작권 계약에 의해 사용, 제작되므로 무단 복제시 법의 처벌을 받게 됩니다.

짱 멋진 마루

Sticker Book

마루는 강쥐

우리 집 강아지 마루가 사람이 되었습니다.
그것도 5살 아이로! 믿을 수 없지만
튼튼한 다리, 우렁찬 목청, 킁킁 호기심 많은 코.
우리 마루가 분명해요.

매일 정신이 없지만
마루가 "언니!"라고 해 주면 다 상관없어져요.

앞으로 더 많은 곳에서
더 많은 시간을 함께할 수 있겠죠?
곁을 지켜 주는 마루가 있어서
오늘도 즐거운 하루입니다.

마루는 강쥐

"이거 진짜 엄청나요"

"완전 대박인데"

"나 사람 됐다 짱이지…"

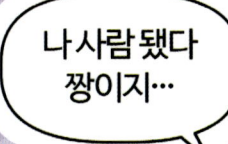

"언니, 나 짱이지?"

- 나이 5세
- 좋아하는 것 언니, 고구마, 꼬린내, 산책
- 싫어하는 것 병원 가기, 목욕하기

어느 날 갑자기 어린아이가 된 푸들 믹스 강아지. 세상 모든 것이 재미있고 흥미롭다. 무엇이든 우리 언니와 함께하고 싶어 한다. 새를 보면 달려드는 등 4차원적인 행동을 하며 주변 사람들을 놀라게 한다.

마루

"잘했어, 우리 마루!"

- 직업 프리랜서 영상 편집자
- 좋아하는 것 마루, 강아지, 드라마 시청
- 싫어하는 것 혼자 있기, 벌레

반려견 마루와 자취한 지 3년째. 어느 날 갑자기 어린아이가 된 마루를 돌보며 우당탕탕 정신없는 보호자 생활을 시작하게 되었다. 그런 마루 덕분에 점차 외로움을 잊고 즐거움을 느낀다. 마루를 아끼는 다정한 언니이다.

최우리

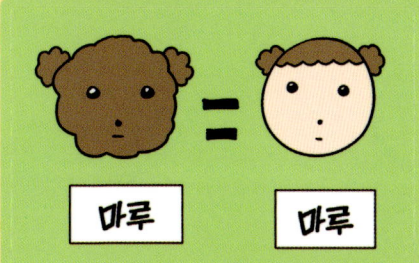

> 아, 위층에 가방 두고 왔네.

임준호

- 직업 요리사
- 좋아하는 것 낮잠, 요리, 휴식
- 싫어하는 것 소음, 더러운 집

우리의 아랫집 이웃으로, 사촌 동생인 서율이를 자주 돌본다. 모든 일에 귀찮음을 느끼는 편이지만 의외로 아이 돌보기나 가사에 능숙하다. 마루에게 주스를 까 줘서 '임주스'라는 별명이 생겼다.

> ······.

임서율

- 나이 5세
- 좋아하는 것 바다, 배, 책 읽기
- 싫어하는 것 천둥, 귀신

준호의 어린 사촌 동생. 성격이나 행동이 마루와 정반대이지만 마루를 잘 챙겨 주고 사이가 좋다. 얌전하고 감성적이며 규칙을 중요하게 생각한다. 또래보다 조숙하고 야무지다.

임주스씨
(주스를 까준다.)

퀭—

어어...!

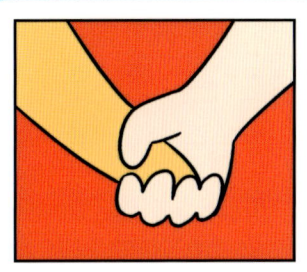

🐾 **직업** 유치원 교사
🐾 **좋아하는 것** 동물, 아이, 귀여운 인형
🐾 **싫어하는 것** 귀신, 어두운 곳

우리의 이웃이자 마루의 유치원 선생님. 무서운 인상 때문에 험악해 보이지만, 귀여운 것을 좋아하는 감성파이다. 곰이나 호랑이도 북슬북슬해서 귀엽다고 생각한다. 호피 무늬 옷을 자주 입는 것도 귀엽다고 생각해서이다.

🐾 **직업** 먹방 유튜버
🐾 **좋아하는 것** 맛집 탐방, 노래방, 소품 숍
🐾 **싫어하는 것** 공복, 머리 아픈 일

우리의 가장 친한 중학교 친구이며, 278만 명의 구독자를 보유한 먹방 유튜버이다. 까탈스러워 보이는 외모이지만 털털한 성격의 반전 매력을 보여 준다. 마루에게 푹 빠져서 비싼 장난감을 잔뜩 선물해 주고는 한다.

이렇게 귀여울 수가 있나용~ ♡♡♡!!!

친구를 괴롭히면 안돼용~!!!

세상엔 나보다 **강한 자**도 있구나!

우와~ 예쁘다아~

"이것도 주는 거야?"

연탄

- 나이 5세
- 좋아하는 것 엄마, 상자, 높은 곳
- 싫어하는 것 사람이 많은 곳, 향수 냄새

흰 양말을 신은 검은색 턱시도 고양이였지만 어린아이가 되었다. 길고양이 출신으로 동네의 대장 고양이로서 길고양이들의 대접을 받는다. 도도하고 독립적이며 마루의 라이벌이다.

유진

- 좋아하는 것 언니라고 불리기, 피아노, 1등
- 싫어하는 것 무시당하는 것, 양파

친구들 사이에서 리더 역할을 하는 똑 부러진 아이. 마루보다 한 살 많다.

초원

- 좋아하는 것 유진이, 공놀이, 자동차
- 싫어하는 것 한글 공부, 양치질

유진이와 같은 반 친구. 단순하고 몸 쓰는 행동을 편안해한다. 멍을 잘 때린다.

겨울

- 좋아하는 것 벌레 관찰, 비 오는 날, 퍼즐
- 싫어하는 것 큰 소리, 남들 앞에 나서기

초원이의 동생으로, 마루와 서울이와 같은 반이다. 목소리가 작고 늘 맹한 표정이다.

날짜: 22년 6월 13일   날씨: ☀️ ⛅ ☁️ ☂️ 🌧️

 언니 나 사람 됐다 짱이지...
이제 언니랑 다 할 수 있고 다 갈 수 있다?
내가 언니 지켜 줄게 이제!

날짜: 22년 6월 20일   날씨: ☀️ ⛅ ☁️ ☂️ 🌧️

 언니랑 산책해서 오늘 재밌었다
우리 내일도 또 나오자!

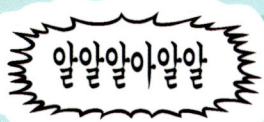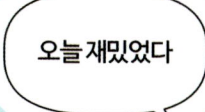

날짜: 22년 6월 27일   날씨: ☀ ⛅ ☁ ☂ ❄

주스를 창문에 이렇게 해서 이렇게 하면
알아서 된다? 짱이지!

날짜: 22년 6월 27일   날씨: ☀ ⛅ ☁ ☂ ❄

마루의 힘으로 문제 해결!
이웃끼리 돕고 사는 거래

이성을 잃어가고 있었다.

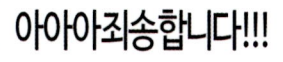

날짜: 22년 8월 8일 　　　　날씨: ☀ ⛅ ☁ ☂ 🌧

언니랑 마트에서 피융! 짱 재밌었다!
또 해 줘, 또 해 줘!

날짜: 22년 8월 9일 　　　　날씨: ☀ ⛅ ☁ ☂ 🌧

언니가 소풍 도시락 싸 줬다! 최강 도시락~
서율이랑 비눗방울 하고 재밌었다!

깨잉~

재밌어서~

맛있다!!!

힘냈어

날짜: 22년 11월 14일　　　　날씨: ☀ ⛅ ☁ ☂ 🌧

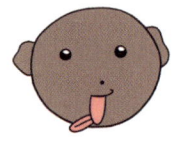
비 오는 날 언니랑 산책 진흙탕 갔다
언니 안 가면 나도 안 갈래...

날짜: 22년 11월 15일　　　　날씨: ☀ ⛅ ☁ ☂ 🌧

언니... 언니... 내가 지켜 줄 거야

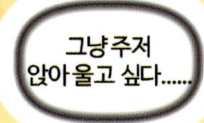

그냥 주저앉아 울고 싶다······

언니 언니

몸살각

인간이 가장 취약한 순간!

이잉

날짜: 23년 3월 20일   날씨: ☀️ ⛅ ☁️ ☂️ 🌧️

나는 마루입니다
이모가 바쁘니까 내가 대신 골랐습니다

날짜: 23년 4월 17일   날씨: ☀️ ⛅ ☁️ ☂️ 🌧️

서율이 생일에 노래랑 케이크랑 친구들…
완전 파티였어!

퇴사하고싶다
퇴사퇴사퇴사
퇴사퇴사퇴사

오...!
이런걸
받아도 될지...

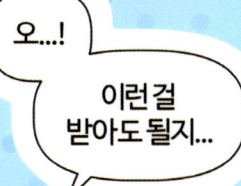

날짜: 23년 4월 24일   날씨: ☀️ ⛅ ☁️ ☂️ 🌧️

네잎 클로버도 못 찾고 학도 못 접었지만
언니 말대로 마루 마음이 더 쎄서 괜찮아

날짜: 23년 5월 5일   날씨: ☀️ ⛅ ☁️ ☂️ 🌧️

언니랑 주스, 서율이랑 사진도 찍고~
꿈동산 랜드에서 최강 어린이날!

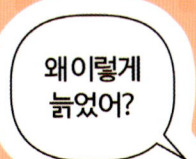

날짜: 23년 8월 7일   날씨: ☀️ ⛅ ☁️ ☂️ 🌨️

서율이도 나처럼 짱 쎄
마루가 언제나 함께할게

날짜: 23년 9월 18일   날씨: ☀️ ⛅ ☁️ ☂️ 🌨️

어른 몸 짱이다~ 언니 안 올려다봐도 됐어!
엄청 가깝고! 꿈속까지 언니 따라갈 거야! 쪼오옥~

♪ 반짝반짝 달라진 나의 모습~
♪ 계속되는 해피해피 데이즈~

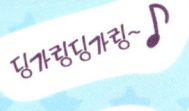
딩가킹딩가킹~ ♪

찡까찡까찡~
당당다라단단 ♪

네것도!
있습니다!!

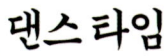
댄스 타임

아이 젠장

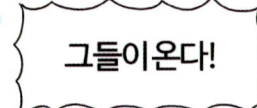
그들이온다!

영역 다툼 승리

트릭올 트릿!

마루 네컷

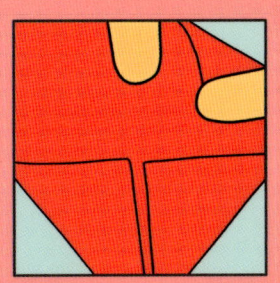

마루 네컷

마루 네컷

최강 코스튬

토끼와 거북이

여우와 두루미

미공개 코스튬이야!

마루는 강쥐

마루와 함께하며 즐거운 나날입니다.
매일매일 엉뚱한 사고를 치지만
우리 마루 덕분에 이웃들과 친해졌어요.

의외로 다정한 준호, 야무진 서율,
감성적인 순정, 그리고 친구 마희까지.
모두가 곁에 있어서 더는 외롭지 않아요.

오늘은 마루가 또 어떤 사고를 칠까요?
우당탕탕 예측 불가 우리 마루는
세상에서 제일 귀여운 강쥐입니다!

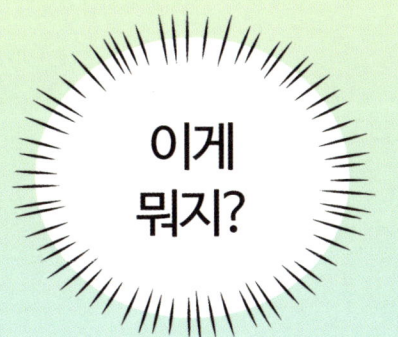

나로 말할 것 같으면
세상에서 제일 귀여운 마루
내가 제일 좋아하는 건
고구마, 꼬린내, 언니
구경할 게 많은 마트가 좋아
언니랑 함께 가는 소풍도 좋아

자유로운 손
넓어진 세상
거침없는 걸음까지도

뭐든 다 할 수 있어

내가 지켜 줄게

나에겐 언니도 친구도 든든한 대장도 있으니

두려울 게 없지

나에겐 너무도 신나는 하루로 가득찬 매일이

즐거울 뿐이지

난 최강 강아지 마루

최강 어린이 마루

예측 불가 우당탕탕

최강 강아지 마루

마루 OST 짱이지!